AF596132

LATTAINVILLE

NOTICE HISTORIQUE ET ARCHÉOLOGIQUE.

LATTAINVILLE

NOTICE

HISTORIQUE ET ARCHÉOLOGIQUE

PAR

L.-N. BARRÉ,

*Bibliothécaire-Archiviste de la Société Académique de l'Oise
et Membre de la Société Historique de Pontoise
et du Vexin.*

BEAUVAIS

IMPRIMERIE D. PERE, RUE SAINT-JEAN.

1884.

LATTAINVILLE.

NOTICE

HISTORIQUE ET ARCHÉOLOGIQUE.

I.

SITUATION GÉOGRAPHIQUE DU TERRITOIRE. — TOPOGRAPHIE PHYSIQUE. — GÉOGNOSIE. — EAUX. — BOIS. — LIEUXDITS.

La petite commune de Lattainville (1), du canton de Chaumont (Oise), est située à la limite de ce canton vers Gisors (Eure), entre Chambors au nord, Delincourt à l'est et Montjavoult au sud-ouest. Elle est à 7 kilomètres de Chaumont, 3 myriamètres 5 kilomètres de Beauvais, et à 5 kilomètres de Gisors.

(1) On écrivait autrefois : Latainville, Natainville et Natenville : Description géographique et historique de la Haute-Normandie par Dom Duplessis. Louvet. Histoire et antiquités du diocèse de Beauvais.

L'étendue du territoire, constatée par les opérations cadastrales, comprend : 275 hectares de terres labourables; 12 hectares de terrains plantés et maisons; 9 hectares 50 ares de prés; 5 hectares 42 ares de pâtures et marais; 14 hectares 86 ares de terrain en bois; 13 hectares 93 ares de friches, et 12 hectares 37 ares en eaux et chemins, ensemble 343 hectares 8 ares.

Cette surface peut être divisée en partie haute et en partie basse : la partie haute est comprise dans le plateau qui s'étend au sud-ouest vers Hérouval, commune de Montjavoult, et la partie basse dépend de la vallée du Réveillon, arrosée par la rivière de ce nom qui se jette dans l'Epte au-dessous de Gisors.

Le sol du territoire est en général composé de calcaire grossier moyen et de sables glauconieux. On trouve à l'ouest du village, en remontant vers la grande route de Paris, une couche de calcaire sableux blanchâtre et désagrégé contenant en grande quantité des fossiles d'une belle conservation, ce gisement est au-dessus du niveau des nummulites. Dans la vallée sont des sables et argiles à lignites, qui forment, en différents endroits, des marécages dangereux en hiver et dans les saisons pluvieuses.

Il existe quelques sources de peu d'importance au centre du village, dans l'herbage de la ferme longeant le chemin de Delincourt, ainsi que dans l'ancien bois défriché appelé le Petit Marais ou Marais à Pourcelot (1); toutes les eaux produites par ces sources coulent vers la rivière du Réveillon, dans laquelle elles se jettent au-dessus du moulin du Cornouillier, commune de Chambors.

---

(1) Nom d'un ancien propriétaire, médecin à Gisors, qui a fait élever une construction dans ce bois.

La partie boisée du territoire est aujourd'hui réduite à 9 hectares environ, par suite du défrichement du bois du Petit Marais, opéré en 1867.

La route nationale de Dieppe à Paris par Gisors, Chars et Marines, traverse la partie ouest du territoire. Sa construction serait de 1754 (1).

Nous croyons devoir rapporter ici les noms des lieux-dits tels que les indique le plan cadastral. Ces noms, en général, sont les témoins de faits anciens que la tradition a transmis jusqu'à nous et qu'il importe de ne point laisser tomber dans l'oubli :

SECTION A,
DITE DU VILLAGE.

La Cronnière.
Le Grand-Marais.
La Côte-Guyot.
La Remise des grands Fossés
Le Grand Chemin.
Le Trou des Princes.
La Fosse aux Chevaux.
La Vieille Voirie.
La Terre du Saint.
Les Merisiers.
Le Dessous du Château.
Les Grouettes.
Le Chemin du petit Marais.
La Côte au Robin.
Les Aunaies.
Le Petit Marais.
Sous les Jardins.
Les Glaises.
La Pipée.
Le Petit Bois.
Les Friches.
Le Grand Bois.
Les Prés Aquin.
Le Village.
La Sablière.
Le Vieux Château.

SECTION B,
DITE DES SABLONS.

Les Grands Prés.
Les Airs d'en bas.
Les Prés Grouts.

(1) Frion. Nouveau précis statistique du canton de Chaumont. Annuaire de l'Oise, 1859.

Les Ruelles.
Les Vignettes.
Les Airs d'en haut.
Les Sablons.
La Cavée.
Le Grand Chemin.
Le Clapier.
La Vallée Jolie.

SECTION C,

DITE DES RÔTIS.

La Croix Blanche.
Les Rôtis.
Le Grand Chemin.
La Sente de Saint-Clair.
La Grande Pièce.
La Vallée Jolie.

II.

VILLAGE ET HAMEAU. — POPULATION. — INSTRUCTION.

Le village se compose d'une rue principale et de deux ruelles, garnies de 35 habitations couvertes pour le plus grand nombre en tuiles ou en ardoises. Il n'existe plus que quelques rares couvertures en chaume dont la disparition ne peut tarder. Il est situé vers la limite orientale, sur la pente du côteau qui divise le territoire en deux parties.

Ce lieu fut témoin à différentes époques des nombreuses luttes qui ensanglantèrent le Vexin : d'abord les Normands au IXe siècle et les Anglo-Normands au XIe. Ces derniers s'en rendirent maîtres en 1096 sous la conduite de Guillaume-le-Roux, duc de Normandie ; ils s'emparèrent aussi de Mantes et arrivèrent même jusqu'aux portes de Paris. Le roi de France, pour faire diversion à ses ennemis, envoya un corps d'armée à leur poursuite et leur reprit Trye-Château, Chaumont,

Delincourt, Lattainville et Boury (1). C'est alors que les Anglo-Normands se virent obligés, pour arrêter la marche des Français, de construire la redoutable forteresse de Gisors.

Dans ces luttes on eut le regret de constater la présence au milieu des armées ennemies, de plusieurs seigneurs du Vexin qui avaient eu la lâcheté d'abandonner le roi de France : on cite notamment Thibaud-Payen, seigneur de Gisors, Neaufles et Courcelles; le comte de Meulan et Guyon, seigneur de la Roche-Guyon. Thibaud-Payen prit aussi une part active avec Leufroy et le fameux Robert de Bellesme aux travaux des fortifications de Gisors; on le voyait, dit Suger : tantôt avec le roi de France, tantôt avec Guillaume-le-Roux.

En 1590, Lattainville fut dévasté et incendié par les Ligueurs. Le duc du Maine, qui les commandait, vint à Chaumont et dans les environs de Gisors au mois de février; son armée logea dans les villages voisins et attaqua le château de Dangu, dont elle s'empara; Beausseré, Courcelles, Hérouval, Vallecourt, Chambors et autre localités, eurent, comme Lattainville, à subir les horreurs de la guerre.

Durant ces journées, rapporte un auteur contemporain (2) « toute la plus grande partie des hommes, « femmes et enfants des dicts villages s'estoient réfu- « giez dans la ville de Gisors avec leur bestial, en « grande désolation et calammité, ayant le sieur du « Mayne ou ses gens faict emporter tous les bledz en

(1) Hersan, Histoire de Gisors.

(2) Journal d'un Bourgeois de Gisors, publié par MM. H. Le Charpentier et Alfred Fitan. 1878.

« grand nombre qui avoient esté trouvez afin de sub-
« venir pour la nourriture de son armée, n'ayant laissé
« aucune chose aux dicts villages; chose horrible à
« veoir, penser et croire, attendu que un, chacun ou
« la plus grande partie des villages estoient à la dé-
« votion et obéissance en tout et partout du sieur du
« Mayne: et sa gendarmerie avoit même entré en
« quelques églises et pris et emporté ce qu'elle y avoit
« trouvé, et faict plusieurs autres indignitez. »

D'autres fléaux ont aussi jeté la désolation dans la commune de Lattainville :

Le lundi 12 juin 1593, une grêle détruisit toutes les récoltes et celles des villages voisins; elle était en telle abondance, dit l'auteur du *Journal d'un Bourgeois de Gisors* : « qu'elle avoit par où elle avoit passé, tout
« rompu et accablé les fruicts et grains; l'ayant trouvée
« paiser jusques à une, deux, trois et quatre livres. »

Au mois de septembre 1836 un autre orage sévit encore sur Lattainville; tous les fruits furent perdus et beaucoup d'oiseaux périrent par la grêle (1).

La commune a comme dépendance le hameau de la Savatte composé de deux maisons seulement, sur le bord de la route de Paris à Dieppe. Ce nom *la Savatte* vient, dit-on, de ce que à l'origine l'une des maisons aurait été occupée par une famille exerçant la profession de cordonnier.

La population actuelle, d'après le dernier recensement, est de 98 habitants; elle était de 154 en 1836, et de 131 en 1858, c'est donc une diminution d'un tiers

---

(1) Frion. Nouveau précis statistique du canton de Chaumont. Annuaire de l'Oise, 1859.

en moins de 50 ans; le même résultat est aussi constaté dans plusieurs des communes du canton de Chaumont, principalement dans celles qui sont rapprochées de Gisors. En effet les fabriques de calicot et les tanneries installées dans cette ville, attirent à Gisors un grand nombre d'ouvriers où en temps ordinaire ils trouvent facilement de l'occupation.

Malgré le petit nombre d'habitants, l'instruction des enfants ne paraît pas avoir été négligée à Lattainville : une école y était tenue par le curé ou le vicaire bien avant 1789, c'est même pour faire face à la dépense qu'une rente de 52 livres par an sur la compagnie des Aydes et Gabelles (1) a été constituée en faveur de l'école par acte notarié du 10 avril 1772. Le sieur Sévestre (Julien) remplissait les fonctions de maître d'école en 1791, mais la tourmente révolutionnaire de cette époque ne tarda pas à faire abandonner l'instruction, cependant quelques enfants suivirent les cours de l'école de Delincourt qui continuait de rester ouverte.

Ce n'est qu'en 1820 qu'on rétablit une école à Lattainville; jusque-là les enfants se rendaient ou à Chambors ou à Delincourt, selon la volonté de leurs parents. Le premier titulaire nommé fut Madame Thomas Dubus.

Au mois d'août 1826, la commune de Lattainville ayant été réunie à celle de Chambors, son école fut supprimée peu de temps après, mais sur la réclamation des habitants, appuyée par le Conseil général de l'Oise, cette commune recouvra, en 1832, son existence municipale et obtint la nomination d'un instituteur.

---

(1) Cette rente fut confisquée au profit de l'Etat à la révolution.

Voici les noms des instituteurs qui ont exercé du 1er janvier 1833 à ce jour :

1833. Lambert.
1836. Renier.
1840. Sanglier.
1842. Guignet.
1843. Leclerc.
1844. Ablin.
1845. Boulet.
1853. Ancelin.
1858. Godin (Edmond).
1862. Fissier.
1863. Métayer.
1865. Luchet.
1869. Testard.
1872. Daguenet.
1875. Bauchy.
1876. Godo.
1877. Lemaire.
1878. Hurel.
1879. Frion.
1880. Lebrun.
1881. Delavaquerie.
1882. Bocquet.
1883. Toussaint.
1884. Antoire (en exercice).

III.

ADMINISTRATION CIVILE. — RÉVOLUTION DE 1789. MAIRES.

Lattainville formait une commune du Vexin-Français, régie par la coutume de Senlis, et dépendait du bailliage subalterne de Chaumont-en-Vexin, compris lui-même dans le grand bailliage de Senlis. Elle ressortissait du gouvernement de l'Ile de France, du Parlement et de la Chambre des Comptes de Paris, de la Cour des Aides et de la Généralité de Rouen, de la Châtellenie de Chaumont-en-Vexin et de l'élection de Gisors (Eure).

Lors de la convocation des Etats généraux en 1789, elle était représentée à l'assemblée préliminaire du Tiers-

Etat du bailliage de Chaumont, qui se tint le 12 mars dans l'église des Récollets de cette ville, par Jean-François Amette et Louis Lemaître, tous deux élus délégués par la communauté des habitants réunis à cet effet en la maison commune le 1er du même mois de mars.

A l'assemblée du Clergé qui se tint aussi le même jour 12 mars, la paroisse avait pour représentant Nicolas-Charles Fortier, son curé.

Joseph de La Boissière, comte de Chambors, seigneur de Chambors et de Lattainville, figurait parmi les membres de la noblesse.

La nouvelle délimitation donnée au département de l'Oise en 1790 et sa division en districts et cantons fit entrer Lattainville dans le canton de Montjavoult, du district de Chaumont, mais la loi du 28 pluviôse an VIII ayant réuni en un seul arrondissement les districts de Beauvais et de Chaumont, il s'en suivit une réduction dans le nombres des justices de paix du département; le canton de Montjavoult fut supprimé et la commune de Lattainville fit partie de la circonscription du canton de Chaumont, à laquelle elle appartient encore.

Au mois de décembre 1789, l'Assemblée constituante, voulant régulariser l'existence de l'individualité communale jusqu'alors inconnue pour les petits villages, accorda aux communes le titre de municipalité et les autorisa à choisir elles-mêmes leur administrateur, qui reçut le nom de maire, et ses assesseurs celui d'officiers municipaux.

En exécution de cette loi et des lettres patentes du roi, du mois de janvier 1790, les habitants de la commune de Lattainville se réunirent le 25 février suivant pour procéder à la constitution de leur municipalité et élirent pour maire l'abbé Fortier, curé de la paroisse, et pour assesseur Gilles (Nicolas-Emmanuel).

Aux élections du 13 novembre 1791, un nommé Ménard (Robert), berger, remplaça l'abbé Fortier, et à celles du 9 octobre 1792 le sieur Ducro, prêtre constitutionnel, fut élu.

La constitution de l'an III modifia l'organisation des municipalités en supprimant les fonctions de maire qu'elle remplaça pour tout le canton par un président électif qui prit le titre de président d'administration municipale du canton. Les communes dont la population était inférieure à 5,000 âmes n'eurent plus à élire que des agents municipaux : cette dernière fonction fut remplie à Lattainville, du mois de janvier 1794 au mois de janvier 1796, par Jean-François Amette; de janvier 1796 à octobre 1798, par Nicolas-Emmanuel Gilles, et de cette dernière époque à celle du rétablissement des municipalités, c'est-à-dire à 1800, par ledit Jean-François Amette.

La révolution trouva dans la commune de Lattainville, ainsi que cela du reste s'est rencontré dans beaucoup d'autres localités du canton, des partisans du nouveau régime; on cite comme s'étant plus particulièrement fait remarquer par leur exaltation, les maires Robert Ménard et Ducro, ce dernier, prêtre constitutionnel; Emmanuel Gilles, procureur, Sédille, greffier, Lemaître et Pelletier, officiers municipaux.

Nous rapportons ici sommairement quelques-unes des délibérations prises par la municipalité à cette époque néfaste :

21 février 1792. Délibération qui fait défense au sieur Julien Sévestre, ci-devant clerc de la paroisse, de faire l'école ni d'entrer dans le chœur de l'église pour y faire aucune fonction sans avoir prêté le serment civique ordonné par la loi.

21 mars 1792. Délibération qui interdit au sieur For-

tier, ci-devant curé de la paroisse, résidant à Delincourt, de se transporter dans l'église de Lattainville pour y dire la messe ni faire aucune fonction et même dans la paroisse, et aux agents sous son ordre.

3 septembre 1793. Délibération du Conseil général de la commune qui déclare le sieur Sévestre (Julien), comme suspect et ordonne son arrestation.

4 septembre 1793. Arrestation dudit sieur Sévestre Julien, et de 1° Marie-Marguerite Lépine, 2° Marie-L. Sévestre, 3° et Marie-Catherine Damonville, femme de Nicolas Nicolle, ces trois dernières reconnues suspectes d'aristocratie.

Huitième jour de la première décade du second mois de la deuxième année de la République française. Délibération qui autorise le procureur de la commune à mettre des affiches dans la commune et dans celles environnantes, à l'effet de procéder à l'adjudication au rabais pour la descente de la croix, des plombs et des cloches du clocher et des trois croix sur l'étendue de la commune.

24 frimaire an III. Informations par les citoyens Nicolas Roussel et Vincent Baclé, membres du comité de surveillance du district de Chaumont, sur le délit commis sur l'arbre de la fraternité, qui avait été frappé de trois coups de coignée à environ trois pieds de hauteur. Le coupable d'un aussi grand délit resta inconnu.

La loi du 28 pluviose an VIII rétablit les municipalités en supprimant toutefois l'élection des officiers municipaux, et mit fin à ces administrations incapables qui, tout en compromettant les intérêts des communes, excitaient les citoyens les uns contre les autres.

En exécution de cette loi, Amette (Jean-François) fut nommé maire et en remplit les fonctions jusqu'en 1821 ; de cette dernière année à 1826, l'administration municipale fut confiée à Nicolas-Emmanuel Gilles. M. Crevecœur (Jean-Baptiste) (1) lui succéda ; mais peu après, c'est-à-dire le 2 août 1826, une ordonnance royale datée de ce jour (2) réunit Lattainville à Chambors et plaça ce village sous l'administration de M. Morin, alors maire de Chambors.

Cette réunion produisit un mauvais effet à Lattainville, où elle donna lieu à des récriminations, à des mécontentements ; les habitants pétitionnèrent et réclamèrent leur réintégration en commune. Le Conseil général de l'Oise, dont faisait alors partie l'honorable

---

(1) M. Crevecœur s'était fixé à Lattainville l'année précédente. Il venait de Bachivillers, où de 1800 à 1825 il avait exercé les fonctions de maire. Cette commune conserve encore un bon souvenir de son administration sage et éclairée.

(2) Saint-Cloud, le 2 août 1826. — Ordonnance du Roi.

Charles par la grâce de Dieu, roi de France et de Navarre; à tous ceux qui ces présentes verront, salut :

Sur le rapport de notre Ministre, secrétaire d'Etat au département de l'Intérieur,

Notre Conseil d'Etat entendu,

Nous avons ordonné et ordonnons ce qui suit :

Art. 1er Les communes de Lattainville et de Chambors, arrondissement de Beauvais, département de l'Oise, sont réunies en une seule dont le chef-lieu est fixé à Chambors.

Art. 2. Les communes réunies par l'article qui précède continueront s'il y a lieu à jouir séparément comme section de commune, des droits d'usage ou autres qui pourraient leur appartenir sans néanmoins pouvoir se dispenser de contribuer en commun aux charges municipales.

Art. 3. Nos Ministres, Secrétaires d'Etat de l'Intérieur et des Finances sont chargés de l'exécution de la présente ordonnance.

Donné en notre château de St-Cloud, le 2 août de l'an de grâce 1826 et de notre règne le deuxième.

Signé : CHARLES.

Par le Roi.

Le Ministre, Secrétaire d'Etat au département de l'Intérieur.

Signé : CORBIÈRE.

M. Latache, maire de Fay-sous-Chaumont, émit un avis favorable, et une ordonnance royale du 28 octobre 1832 vint enfin donner satisfaction à la population (1).

M. Crevecœur (Jean-Baptiste), déjà maire en 1826, reprit ses fonctions au mois de janvier 1833. Son installation fut l'occasion d'une fête dans la commune ; une jeune fille du village, mademoiselle Julienne Lemaître, adressa au nouveau maire en présence des habitants réunis, le compliment en vers, qui suit :

Honneur au Magistrat qui par sa bienfaisance
Sut calmer nos maux, combler notre espérance.
Nous étions dispersés, nous voilà réunis,
Pour toujours, désormais, nos cœurs seront unis ;
Lattainville, en ce jour, a retrouvé son père,
Ses fils, ivres de joie, l'honorent et le révère ;
Suivant vos doux conseils, ô digne gouverneur,
Nous marcherons toujours, dans les voies de l'honneur,
Oui, nous saurons pour prix de la reconnaissance,
Vous prouver chaque jour notre humble obéissance ;
Chaque habitant, joyeux, jure du fond de son cœur
De mourir, s'il le faut, pour notre Protecteur.
Un seul cri, maintenant, doit se faire entendre :
Vive le Magistrat que le Ciel vient de nous rendre.

M. Crevecœur fut maire jusqu'à la révolution de 1848 ; à cette époque il fut remplacé par Gilles (Charles-Emmanuel). Le 25 juillet 1852 il fut de nouveau nommé maire et exerça pendant un an seulement ; son grand

(1) Louis-Philippe, roi des Français, à tous présents et à venir, salut :

Sur le rapport de notre Ministre, secrétaire d'Etat au département du Commerce et des Travaux publics.

Vu l'avis du Comité de l'Intérieur de notre Conseil d'Etat,

Nous avons ordonné et ordonnons ce qui suit :

L'ordonnance royale du 2 août 1826 qui a prononcé la réunion des communes de Lattainville et de Chambors, arrondissement de Beauvais, département de l'Oise, est rapportée. En consé-

âge, il avait alors 77 ans, l'obligea à donner sa démission (1). Ses successeurs sont :

De 1853 à 1864, M. Fessart, son gendre.

De 1864 à 1871, M. Lemaître (Bruno).

De 1871 à 1877, M. Renier.

De 1877 à 1881, M. Lemaître (Onésime).

De 1881 à 1884, M. Renier, déjà nommé. Et depuis les élections du 4 mai 1884, M. Hénon (Désiré).

IV.

ADMINISTRATION RELIGIEUSE. — CURÉS ET VICAIRES.

Par sa situation, dans le Vexin-Français, la paroisse de Lattainville s'est trouvée jusqu'en 1789 sous l'administration spirituelle de l'archevêque de Rouen et était comprise dans le doyenné de Chaumont-en-Vexin, dépendant lui-même de l'archidiaconé du Vexin-Français ou de Pontoise.

---

quence la commune de Lattainville est rétablie telle qu'elle était avant ladite ordonnance.

Nos Ministres, secrétaires d'Etat du Commerce et des Travaux publics et des Finances sont chargés, chacun en ce qui le concerne, de l'exécution de la présente ordonnance.

Donné au palais de Neuilly, le 28 octobre 1832.

Signé : LOUIS-PHILIPPE.

Par le Roi,

Le Pair de France, Ministre du Commerce et des Travaux publics. Signé : Comte D'ARGOUT.

(1) M. Crevecœur est décédé à Lattainville, le 20 janvier 1864; il avait rempli les fonctions de maire, tant à Bachivillers qu'à Lattainville, pendant plus de 42 ans; c'est à son administration que cette dernière commune doit les établissements qui lui manquaient : maison d'école, lavoir, puits, abreuvoir, plantation d'arbres sur les communaux, amélioration de ses chemins, etc. Son nom est toujours vénéré dans la commune.

Depuis la nouvelle réorganisation diocésaine, elle fait partie du diocèse de Beauvais et du doyenné de Chaumont.

Saint-Germain-l'Auxerrois est le patron de la paroisse et sa fête se célèbre le 31 juillet.

Voici les noms des curés et vicaires connus qui ont exercé le Saint Ministère dans l'église de Lattainville jusqu'à la révolution :

De 1490 à 1520, Dom Pierre Lefroid, curé.
De 1520 à 1583, Pierre Lebarbier, curé.
De 1583 à 1603, Denis Fournet, curé.
De 1603 à 1608, Robert Chéron, curé.
De 1608 à 1612, Maroles, curé.
De 1612 à 1615, Mathieu Housselin, vicaire.
De 1615 à 1620, Philippe Dubray, vicaire.
De 1620 à 1633, Yves Delafraye, curé.
De 1633 à 1668, Michel Delafraye, curé.
De 1668 à 1709, Antoine Duruel, curé (1).
De 1709 à 1713, Denis-Sébastien Martin, vicaire.
De 1713 à 1730, Jean-Charles Roffet, curé.
De 1730 à 1744, Charles Lecordier, curé (2).
De 1744 à 1752, Charles-Nicolas Riencourt, curé.
De 1752 à 1785, Jean-Bénigue Stalin, curé (3).
De 1785 à 1792, Nicolas Fortier, curé (4).

En 1791 le 11 juin, un prêtre constitutionnel du nom de Leroux, fut élu curé de Lattainville, il exerça jusqu'au 1er février 1792; le 25 mars de cette même année

---

(1) Décédé le 7 août 1711, à l'âge de 87 ans et inhumé dans le chœur de l'église.

(2) Décédé à Lattainville, le 3 janvier 1744 à l'âge de 67 ans et inhumé dans le chœur de l'église.

(3) Décédé à Lattainville, le 12 janvier 1787 à l'âge de 75 ans et inhumé dans le cimetière de la paroisse.

(4) Il est décédé doyen de Chaumont.

un autre prêtre constitutionnel nommé Augustin-Bruno Ducro, fut élu pour lui succéder; son installation eut lieu le 1er avril suivant (1).

Lors de la réouverture des églises la paroisse fut desservie, savoir :

De 1800 à 1811, par M. l'abbé Quertier, curé de Chambors.

De 1811 à 1812, par M. l'abbé Bonnard, curé de Trie-Château.

De 1812 à 1817, par M. l'abbé Mayeux, curé de Delincourt.

De 1817 à 1827, par M. l'abbé Andrieux.

De 1827 à 1830, par M. l'abbé Pincon.

De 1830 à 1833, par M. l'abbé Thouret.

De 1833 à 1837, par M. l'abbé Delacroix.

De 1839 à 1842, par M. l'abbé Defrance.

De 1842 à 1879, par M. l'abbé Delacroix (Modeste).

Et depuis 1879 par M. l'abbé Baticle, curé de Delincourt.

V.

ÉGLISE. — CIMETIÈRE. — DONATIONS FAITES A L'ÉGLISE.

Il existait une église à Lattainville dès le XIIe siècle : on trouve en effet daté de l'an 1212 (2) un *Vidimus* de l'archevêque de Rouen qui confirme la donation faite de cette église en 1210, par Hugues de Chaumont, cheva-

---

(1) Ducro s'est marié à Beauvais au mois de mai 1794 avec Marie-Marguerite Closier et a exercé la profession de marchand vannier, rue de l'Ecu, dans cette ville.

(2) Louvet. Histoire et antiquités du diocèse de Beauvais. Tome II, page 61.

valier, possesseur alors du comté de Chaumont, et Pétronille, sa femme, à l'abbaye de Gomerfontaine (1), de l'ordre de Cîteaux. Les religieuses de cette abbaye présentèrent ensuite à la cure, ce droit leur fut contesté par le seigneur de Neuville-Bosc, mais une sentence de la Chambre des Requêtes du palais, à Paris, en date du 13 août 1611, les maintint dans leur privilège.

L'église actuelle, qui n'a plus que le titre de chapelle vicariale, est une construction du XVe siècle; la nef cependant paraît moins ancienne; le clocher en flèche, couvert en ardoises, est central.

Jusqu'en l'année 1634 les inhumations se sont faites dans l'église, ainsi d'ailleurs qu'il était d'usage dans presque toutes les localités du Vexin. Vers cette époque on convertit en cimetière une partie de terrain vague tenant à l'église, qui servait de place publique, et depuis elle continue d'être le lieu de sépulture des habitants.

L'église de Lattainville possédait quatre cloches à l'époque de la révolution; l'une d'elles, la petite, avait été bénite le 28 juillet 1725, dans l'église de l'abbaye de Gomerfontaine, par messire Roffet, curé de Lattainville, et nommée Marie-Anne par Jacques-André Dupille, chevalier, vicomte de Monteil, seigneur et baron de La Bosse, du fief du Haut-Mont et d'autres lieux, et par Marie-Anne de La Viefville, abbesse de l'abbaye de Gomerfontaine; en présence de Germain Housselin et d'Antoine Pouilly, trésoriers de la fabrique de l'église (2). Ces mêmes cloches avaient été refondues en 1748 par le sieur Morel, de Gisors, pour le prix de 860 livres.

(1) Près Chaumont, cette abbaye subsista jusqu'à la révolution. On voit encore une partie de ses constructions converties aujourd'hui en bâtiment de culture.

(2) Archives du Palais de Justice de Beauvais.

Au mois d'octobre 1793, la municipalité, à la tête de laquelle était Ducro, le prêtre constitutionnel dont on a déjà parlé, fit la descente des cloches et les tint à la disposition du gouvernement, bien que : « le ministre « de la guerre et le département n'eussent point encore « alors requis les municipalités des campagnes de faire « cette descente » (1). La prévoyance de l'administration municipale produisit l'effet qu'on en attendait : peu après, trois des cloches furent réclamées et transportées à Paris pour être converties en canons, celle laissée et qui existe encore porte en relief l'inscription suivante : « L'an 1748 j'ai été nommée *Mariane* par messire Louis « de Limoges, prêtre licencié et théologien de Chau- « mont, et par Mme de La Viefville, abbesse de Go- « merfontaine et patronne de ce lieu, en présence de « M. Charles Lecordier, curé de ce lieu, et Charles Pel- « tier, marguiller, et André Saintard, receveur de La- « tainville. » Les vases, ornements, linges et autres objets servant à l'exercice du culte, furent également enlevés ; la vente aux enchères en fut faite à Chaumont, sur la place publique

La fabrique de l'église était propriétaire au moment de la confiscation faite en vertu de la loi du 19 août 1792, de trente-six arpents de terre en labour et bois ; plus d'une rente annuelle et perpétuelle de 49 francs.

La cure possédait également neuf arpents soixante-deux perches de terres en labour et prés, situés sur les terroirs de Lattainville, Chambors et Delincourt, et un presbytère avec dépendances et jardin à Lattainville.

Tous ces biens furent vendus au profit de l'Etat devant les administrateurs du directoire du district de Chaumont, les 20 mai et 3 juin 1791 et 24 prairial an II.

(1) Délibération de la municipalité du 29 octobre.

Vers 1802, lorsque les églises furent rendues au culte, la paroisse de Lattainville fut annexée à celle de Chambors et desservie par le curé de cette localité.

Dans le cours des années 1841, 1842 et 1843 les principaux habitants de la paroisse, au nombre desquels se trouvaient M. et Mme Crevecœur-Amette, réclamèrent auprès du gouvernement l'érection de leur église en chapelle vicariale et s'engagèrent à pourvoir au traitement et au logement du chapelain. En vue de cette érection, M. et Mme Crevecœur firent donation à l'église de Lattainville de divers objets mobiliers et de deux pièces de terre en labour et jardin sises à Lattainville, pour le revenu être employé au traitement du vicaire.

La demande des habitants subit une information régulière et enfin, à la date du 18 juin 1845, une Ordonnance royale l'accueillit favorablement.

Voici cette Ordonnance :

Louis-Philippe, roi des Français, à tous présents et à venir, salut :

Sur le rapport de notre Garde des sceaux, Ministre, Secrétaire d'Etat au département de la justice et des cultes.

Vu les délibérations du Conseil municipal de Lattainville en date du 23 avril 1841, du 25 septembre 1842, et du 26 novembre 1843 tendant à obtenir l'érection de l'église de cette commune en chapelle, sous l'obligation de pourvoir au traitement et au logement du chapelain.

Vu les délibérations du Conseil municipal et du Conseil de fabrique de Chambors des 16 et 24 mai 1841.

Vu l'acte notarié du 24 avril 1841 par lequel M. et

Mme Crevecœur font donation à l'église de Lattainville, dans le cas où elle serait érigée en chapelle, de divers objets mobiliers et de deux pièces de terre sous la condition que le produit de ces immeubles serait employé à payer le traitement du vicaire.

Vu le procès-verbal d'enquête de commodo et incommodo,

Vu l'avis de l'Evêque de Beauvais et du Préfet de l'Oise,

Vu celui de notre Ministre Secrétaire d'Etat de l'Intérieur,

Vu les articles 8, 9 et 10 du décret du 30 septembre 1807, la loi du 2 janvier 1817 et les ordonnances royales du 2 avril 1817 et 14 janvier 1831 ; notre Conseil d'Etat entendu ; nous avons ordonné et ordonnons ce qui suit :

Art. 1er. L'église de la commune de Lattainville, canton de Chaumont, arrondissement de Beauvais, département de l'Oise, est érigée en chapelle ; la circonscription sera la même pour cette chapelle que celle de la commune.

Art. 2e. Le traitement du chapelain est fixé à trois cents francs par an ; il y sera pourvu sur les ressources ordinaires de la commune, qui devra également y suppléer en cas d'insuffisance des revenus de la fabrique, à l'entretien de l'église et des vases sacrés, linges et ornements qui s'y trouveront.

Art. 3e. Le Trésorier de la fabrique de la chapelle de Lattainville est autorisé à accepter la donation faite à cet établissement par M. Jean-Baptiste Crevecœur et Mme Marie-Thérèse-Félicité Amette, son épouse, suivant acte notarié du 24 avril 1841 aux charges et conditions y énoncées, consistant ladite donation, 1° en divers objets mobiliers destinés à l'exercice du culte, évalués à 843 fr. 50 centimes ; 2° en deux pièces de terre situées à Lattainville, la première contenant quatre ares et la seconde vingt ares quarante-trois centiares et dont le revenu total est estimé vingt-cinq francs.

Art. 4e. Notre Garde des Sceaux est chargé de l'exécution de la présente ordonnance qui sera insérée au bulletin des lois.

Paris le 18 juin 1845.

Signé : LOUIS-PHILIPPE.

par le Roi,

Le Garde des Sceaux Ministre secrétaire d'Etat au département de l'intérieur,

Signé : MARTIN (du Nord).

L'administration diocésaine prit de son côté, la décision suivante :

Joseph-Armand Gignoux, par la miséricorde Divine et la grâce du Saint-Siège, évêque de Beauvais,

Vu l'ordonnance royale du 18 juin 1845 par laquelle l'église de Lattainville, canton de Chaumont, arrondissement de Beauvais, est érigée en chapelle ;

Considérant qu'il est avantageux à la sanctification des âmes et à l'honneur de la Religion que les lieux consacrés à l'exercice du culte catholique soient le moins possible éloignés des habitations, pour l'instruction des fidèles et pour l'administration des sacrements, et reçoivent une existence légale qui permette de pourvoir à leur entretien ; avons ordonné et ordonnons ce qui suit :

Art. 1er. L'église de Lattainville, canton de Chaumont,

arrondissement de Beauvais, est érigée en chapelle sous l'invocation de Saint-Germain-l'Auxerrois.

Art. 2e. Tous les habitants domiciliés sur le territoire de Lattainville, sont désormais soumis à la juridiction spirituelle du titulaire de la chapelle nouvellement érigée.

Art. 3e. Le prêtre chargé du service de ladite église est investi de tous les droits et pouvoirs de chapelain.

Art. 4e. Notre présente ordonnance sera lue au prône de la messe paroissiale, transcrite sur le registre de la fabrique et conservée en original dans les archives de ladite église.

Donnée à Beauvais, sous notre seing et notre sceau et le contre-seing du Secrétaire de l'Evêché, le 30 juillet 1845,

Signé : Joseph-Armand GIGNOUX,
évêque,

Par Mandement de Monseigneur :
Gervoise, secrétaire.

Indépendamment des donations indiquées ci-dessus, M. et Mme Crevecœur firent encore réparer à leurs frais, l'intérieur de l'église dont les murs étaient en mauvais état; et, conjointement avec Jean-Baptiste-Philéas Crevecœur, leur fils, ils ajoutèrent à leurs dispositions précédentes une rente annuelle et perpétuelle de cinquante francs en un titre sur l'Etat français. Cette dernière disposition a fait l'objet d'un acte reçu par Me Foulon, notaire à Gisors, le 15 septembre 1846.

En considération de ces libéralités, la fabrique de ladite chapelle et la commune, dûment autorisées à cet effet, se sont obligées, à perpétuité, à faire dire une messe, tous les ans, le 28 février, pour le repos de l'âme de Mme Marie-Thérèse-Félicité Amette, décédée à Lattainville le 28 février 1843, épouse de M. Jean-Baptiste Crevecœur, et une autre messe, aussi à perpétuité, tous les ans, le jour anniversaire du décès de M. Crevecœur (1). Il a été aussi concédé par la commune, à perpétuité, un terrain de huit mètres carrés à l'endroit du cimetière où ladite dame Crevecœur avait été inhumée. Ce lieu de sépulture doit servir pour M. et Mme Jean-Baptiste Crevecœur, leurs enfants et petits enfants.

Les deux corps d'immeubles et la rente sur l'Etat donnés par la famille Crevecœur (2) sont toujours la propriété de la fabrique de la chapelle, et leurs revenus reçoivent la destination imposée par les donateurs.

Tout récemment cette chapelle reçut une restauration importante due à la générosité de M. et Mme Hénon, de Paris, propriétaires à Lattainville, dignes représentants et successeurs de M. Jean-Baptiste Crevecœur-Amette, leur aïeul maternel.

VI.

Castrum æstivum Romanum. — FORT OU CHATEAU. SEIGNEURIE.

Nous avons dit précédemment que le territoire était divisé en deux parties par un côteau ou montagne sur la pente duquel est placé Lattainville. Ce côteau forme à l'endroit du village une espèce de promontoire qui

---

(1) Ce décès est arrivé à Lattainville, le 20 janvier 1864.
(2) Cette rente n'est plus aujourd'hui que de 45 fr. par an.

domine la vallée du Réveillon et permet de découvrir Gisors avec ses fortifications et les hautes murailles de sa Tour, le château fortifié de Montjavoult et la Tour de Neaufles, débris des nombreux travaux de défense construits au Xe siècle sur les limites de la province nommée alors Neustrie et qui plus tard prit le nom de Normandie.

Ce point élevé paraît avoir appelé l'attention des stratégistes dès l'époque de l'invasion romaine dans les Gaules. En effet les travaux dont les traces sont encore apparentes, démontrent l'existence en ce lieu d'une station militaire dénommée par Jules César dans ses commentaires *Castrum æstivum*, ou camp d'été (1). Les restes des murs, fossés et talus qui la limitent décrivent un quadrilatère dont les angles sont aux quatre points cardinaux et la base entre le sud et l'est ; les côtés sont des remparts en terre, percés de portes et bordés de fossés. La déclivité naturelle du sol sert aussi de limite. Au centre du talus est un mur en pierres de la localité, aux angles sud et ouest ont existé des tours de forme cylindrique ainsi qu'il apparaît par les restes des fondations rencontrées dans le sol. La surface du quadrilatère est de 80 ares environ.

L'ensemble de ces restes, établit donc que le monticule de Lattainville, connu aujourd'hui sous le nom de

---

(1) Les Romains établissaient leur camp dans des situations topographiques habilement choisies pour la défense, auprès de pentes abruptes, de marécages, de ravins et de rivières ; alors que l'ennemi pouvait arriver sur le plateau par un côté accessible, les fortifications naturelles étaient complétées par une accumulation de terres prises sur le sol même ou provenant de fossés plus ou moins profonds, ce qui augmentait d'autant la puissance du retranchement. Duhamel (des Camps romains.)

Vieux Château, a été le lieu d'une station à l'époque de la domination romaine; cette opinion d'ailleurs trouve sa confirmation dans les quelques monnaies romaines, malheureusement frustes, découvertes à l'entrée du quadrilatère et aussi par la mise à jour dans un champ voisin, nommé le Clapier, de douze à quatorze sarcophages en pierre qui renfermaient indépendamment de squelettes humains, des armes oxydées et des vases en terre cuite, rouge et noire. Le plateau d'Hérouval, ainsi que les terrains de Montjavoult et de Boury, voisins de Lattainville et si bien explorés par M. Hersan (1), présentent dans beaucoup d'endroits des vestiges nombreux de l'art romain; on ne saurait donc être surpris de découvertes semblables faites à Lattainville.

Aux IXe et Xe siècles les Normands, maîtres alors de la Neustrie, firent souvent des incursions dans le Vexin, où ils rançonnaient et pillaient les habitants. Nos rois n'avaient que des forces insuffisantes à leur opposer; vainement ils leur donnaient de l'argent pour qu'ils se retirassent, c'était au contraire un appât qui les engageait à revenir. C'est vers cette époque que fut élevé à Lattainville (2) sur l'emplacement même du *castrum romanum* dont on a parlé précédemment, un fort ou donjon, avec tours, bastions et souterrains, ainsi qu'il était d'usage sous la féodalité. Les ouvrages de l'époque romaine, qui subsistaient en partie, furent réparés et conservés; on construisit aussi dans la suite, du côté de la plaine, une avant-cour fermée par des murs épais et

(1) Histoire de Boury.

(2). Frion, histoire de la ville de Chaumont-en-Vexin.
On construisit aussi les forteresses de Trie-Château, Delincourt, Chaumont, Courcelles, Boury, Saint-Clair-sur-Epte, La Roche-Guyon. Il existe encore des vestiges de ces forteresses. — (Ibid.)

des bâtiments à usage de granges, écuries et d'habitation; les derniers vestiges de ces constructions existaient encore en 1780; ils furent enlevés quelque temps après. Quant à la forteresse, elle fut détruite entièrement par l'armée des Ligueurs, en 1590, lors du pillage et de l'incendie du village. Les pierres qui la composaient furent à différentes époques enlevées par les habitants pour la reconstruction de leurs maisons (1). On remarquait encore en 1793, les vieilles tourelles, alors en ruines (2).

La terre de Lattainville, formait à l'époque de la féodalité, une des seigneuries du comté de Chaumont; elle était possédée en 1210 par Hugues de Chaumont.

Jeanne de Chaumont l'apporta en dot à Jean de Senlis dit Le Bouteillier, fils de Guillaume de Senlis, seigneur de Brasseuse, nommé dans un titre du cartulaire de l'abbaye de Chaalis de l'an 1221. Jean de Senlis suivit Charles de France, comte d'Anjou au royaume de Sicile; il fut fait grand maréchal et assista en cette qualité à la confédération faite entre ce prince et Philippe, empereur de Constantinople, le 27 mai 1267.

Gilles Le Bouteillier, leur fils, seigneur de Brasseuse et héritier de Lattainville, est nommé avec sa mère dans des lettres de l'an 1296.

Il avait épousé Isabelle, dite de Braibaut, veuve de Jean d'Orléans.

Au commencement du XIVe siècle on trouve la seigneurie de Lattainville comprise dans la châtellenie de

(1) En 1730, un nommé Maximilien Pellé, qui travaillait à la demolition, fut écrasé par un bloc de pierre.

(2) Vente par adjudication, du 18 nivôse an III, des biens de l'émigré de La Boissière, devant les administrateurs du Directoire du District de Chaumont.

Trie-le-Châtel, appartenant alors à la maisons des comtes de Dammartin ou de Trie.

Alix de Dammartin, mariée à Jean II de Trie, l'apporta en dot et la transmit à Renaud de Trie, son fils, qui épousa Jeanne de Hodenc, avec laquelle il eut cinq enfants, dont Mathieu de Trie (1), maréchal de France, décédé sans postérité le 26 novembre 1344. Il avait épousé en premières noces Jeanne, dame d'Araines, et en secondes, le 2 septembre 1332, la veuve du comte de Dreux, à laquelle il donna en douaire, sa vie durant, sa terre du Vexin. Cette dame mourut en 1375.

La riche succession de Mathieu de Trie échut à la branche des de Trie, seigneurs de Sérifontaine, représentée par Renaud de Trie, amiral de France. Elle vint ensuite aux seigneurs de Roulleboise, en la personne de Jacques de Trie qui mourut le 5 octobre 1432.

Ce seigneur est considéré comme l'un des plus riches barons de son temps, il possédait en effet la forêt de Thelle, les terres de Sérifontaine, Le Vaumain, La Villetertre, Magny, Le Vauroux, Lattainville et beaucoup d'autres en Beauvaisis et dans le Vexin.

Il avait épousé, le 20 février 1403, Catherine de Fleurigny (2), avec laquelle il eut onze enfants dont six filles. Jean de Trie, l'un de ses fils eut la seigneurie de Lattainville, et après lui elle échut à Robine de Trie, dame de Lattainville, sa sœur. Cette dame transigea, le 29 août 1489, avec le seigneur de la Tour au Bègue, à Chaumont, à l'occasion de blâmes *mus* entr'eux, sur leurs droits dans la forêt de Thelle. Elle avait épousé en 1487 Thi-

(1) Armes : D'or à la bande d'azur chargée d'une molette d'argent.

(2) Armes : De sable, à trois roses d'argent, à la vergette de gueulle brochant sur celle de la pointe.

baut de Maricourt, auquel elle apporta les seigneuries de Sérifontaine, Lattainville et la forêt de Thelle. Leur fille Jacqueline, héritière de la maison de Maricourt, s'est mariée à Nicolas, seigneur de Presteval.

Il est à croire qu'à cette époque quelque partie de la seigneurie de Lattainville fut réunie à celle de la Tour au Bègue, car dans un acte du 20 juillet 1506, et dans un autre du 8 mars suivant, Robert de Pellevé, dit Malherbe, seigneur de Jouy-en-Thelle et de la Tour au Bègue ou Tour de Chaumont, fait donation à Charles de Pellevé, son neveu, de la Tour au Bègue et de la tierce partie de la seigneurie de Lattainville, laquelle dépendait de la Tour au Bègue.

Jean de Pellevé, fils de Charles, né en 1510 porta aussi le titre de seigneur de Jouy et de Lattainville.

En 1590 il est aussi fait mention d'un Jehan de Chaumont, seigneur de Quitry, de Bertichères, de Lincourt, de Lattainville, de Bonnières et autres lieux.

Une famille Thomas aurait possédé jusqu'en 1672 la ferme dite du Clos, époque à laquelle elle l'aliéna à la duchesse de Longueville. Il existe, en effet, dans l'église de Lattainville, à l'entrée du sanctuaire, une pierre tombale sur laquelle on peut encore lire..... *décédée en 1670, femme de messire Henry Thomas, chevalier, seigneur de Latainville.*

Guy d'Estouteville possédait la châtellenie de Trie en 1507 (1). Il la laissa à Jacqueline d'Estouteville, sa fille, mariée à Jean, sire d'Estouteville, et ceux-ci à Adrienne

(1) Archives de l'Oise.

Imp Duputel Banguié

PIERRE TOMBALE DANS L'ÉGLISE DE LATTAINVILLE

d'Estouteville, qui épousa en 1534 François de Bourbon, comte de St-Pol (1), avec lequel elle eut :

François de Bourbon, duc d'Estouteville, et Marie de Bourbon, mariée en premières noces à Jean de Bourbon, duc d'Enghien, et en secondes à Léon ou Léonard d'Orléans, duc de Longueville, dont elle eut :

Henri d'Orléans, premier du nom, duc de Longueville et d'Estouteville, qui mourut en 1595 ; il avait épousé Catherine de Gonzaguè de Clèves, avec laquelle il eut :

Henri d'Orléans, deuxième du nom, qui épousa en premières noces en 1617, Louise de Bourbon, fille de Charles de Bourbon, comte de Soissons ; et en secondes Anne-Geneviève de Bourbon, fille de Henri de Bourbon.

Les enfants nés de cette deuxième union sont : Anne-Geneviève de Bourbon-Condé, mariée au duc de Longueville, son cousin, et décédée sans postérité, et Jean-Louis-Charles de Longueville, dit l'abbé d'Orléans, mort en 1694 dans un couvent où on l'avait enfermé.

La succession de l'abbé d'Orléans fut partagée le 10 janvier 1695 entre ses cousins :

Henri-Jules de Bourbon, prince de Condé (2), et François-Louis de Bourbon, prince de Conti (3), à cause de Marie-Thérèse de Bourbon, princesse de Condé, son épouse.

Le dénombrement de la seigneurie de Trie, dressé à

---

(1) Il est stipulé dans leur contrat de mariage en date du 9 février 1534 que le comte de St-Pol serait tenu de porter les nom, cri et armes d'Estouteville, écartelées. Louvet. Anciennes remarques de la noblesse Beauvaisine.

(2) Armes, de France au bâton de gueulles pery en bande.

(3) Armes, de France au bâton de gueulles pery en bande, à la bordure de même pour brisure; supports : deux anges.

cette époque, comprend la terre de Lattainville; il la désigne comme il suit :

La seigneurie de Lattainville a droit de moyenne et basse justice et relève du comté de Chaumont.

Elle est composée de deux fermes, l'une appelée la Ferme-d'en-Haut et l'autre la Ferme-d'en-Bas, consistant chacune en hôtel seigneurial, maisons, cours, granges, écuries, bergeries, colombiers et autres bâtiments; 223 arpents environ de terres labourables; 12 arpents environ de pré et aunaies; 5 à 6 arpents de bois; champarts et censives; lots et ventes, saisine et amendes.

Le moulin de Cornouillier, à eau, et faisant de tous grains farine, où les habitants de Lattainville sont banniers, consistant en maison, cours, granges, étables et autres bâtiments; le droit de chasser les mannées dans le village de Delincourt; 5 quartiers de terre près ledit moulin; 12 arpents de terre ou environ en différentes pièces au terroir de Delincourt; aulnes et saules.

Les mouvances sont : la Tour au Bègue, Montchevreuil en partie, Saucourt, un fief à Marquemont : celui des voiries et anvoiries.

Marie-Thérèse de Bourbon, princesse de Condé, transmit la terre de Lattainville à son petit-fils Louis-François de Bourbon, prince de Conti, né en 1717, et celui-ci à Louis-François-Joseph de Bourbon, prince de Conti, son fils, d'abord connu sous le nom de comte de la Marche. Lors de la révolution il ne voulut pas émigrer et prêta le serment civique. Arrêté néanmoins en 1793 il fut détenu à Marseille avec ses cousins les princes d'Orléans jusqu'en 1795 où rendu à la liberté il se retira dans une de ses terres. Mais en 1797, après la journée du 18 fructidor, il fut exilé et se réfugia à Barcelone, en Espagne, où il mourut en 1814. Avec lui finit la branche de Bourbon-Conti.

Le prince de Conti avait assisté aux batailles d'Hastemberck en 1757 et de Crevelt en 1758 et vécut ensuite dans la retraite.

Ce fut lui qui fit démolir, vers 1775, les bâtiments qui composaient les deux fermes désignées au dénombrement précédemment énoncé, moins la grande grange de la ferme dite d'En-Bas qui subsiste encore aujourd'hui.

Le Vexin cessa peu après d'être la résidence du prince de Conti ; son château de Trie fut fermé et plusieurs de ses terres vendues. Le 12 juillet 1781 il aliéna le moulin du Cornouillier, dépendant de la seigneurie de Lattainville, à Martin Pellé, meunier, et Victoire Amette, sa femme.

Le surplus de la même seigneurie de Lattainville fut aussi vendu le 13 avril 1782, à Louis-Joseph-Jean-Baptiste de la Boissière, comte de Chambors (1). Il fit reconstruire l'année suivante la ferme actuelle de Lattainville.

A la révolution de 1793 le comte de Chambors émigra et tous ses biens furent confisqués au profit de la nation en vertu de la loi du 8 avril 1792. La vente en fut faite par lots devant les administrateurs du Directoire

(1) Armes : de sable au sautoir d'or.

Ce fut en faveur de Joseph-Jean-Baptiste de la Boissière, aïeul de Louis-Joseph-Jean-Baptiste de la Boissière, que Louis XV, par lettres patentes du mois de mars 1765, érigea en comté la terre de Chambors au bailliage de Chaumont-en-Vexin. Cette famille est originaire de Bretagne, où elle possédait en 1421 la terre de la Boissière près Quimper. Guillaume de la Boissière, l'un des descendants, fut écuyer tranchant du roi François Ier et du dauphin François, duc de Bretagne ; il épousa en 1528 une héritière de la maison de Trie, qui lui apporta la terre de Chambors. (Archives de l'Oise).

du District de Chaumont, le 18 nivôse an III de la République.

La ferme sise dans le village consistant en un joli et principal bâtiment servant de logement au fermier, bâti en neuf et couvert en tuiles, bâtiment d'exploitation, cour et terrains contenant 5 quartiers et 37 parcelles de terre en labour, pré et friches d'une contenance totale de 217 arpents 83 perches, furent adjugées aux sieurs Mandar et Chartier, de Pontoise, moyennant 162,200 livres de prix principal (1). Ils en opérèrent le partage entre eux : la ferme et 116 arpents de terre furent attribués au sieur Chartier qui, en 1816, consentit la vente de la moitié à MM. Leleu et Avenel, et de l'autre moitié à M. Jean-Baptiste Crevecœur, locataire alors de cette ferme. C'est cette moitié, augmentée depuis par de nouvelles acquisitions, qui appartient aujourd'hui à M. Hénon, petit-fils de M. Crevecœur, ancien maire, et compose la ferme de Lattainville, qu'il exploite lui-même.

M. Hénon et sa famille vinrent habiter Lattainville au mois de septembre 1883. A cette occasion ils réunirent leurs parents, presque tous cultivateurs, dans un banquet qui comprenait plus de 70 convives. Les habitants, heureux de retrouver dans M. Hénon les bonnes traditions auxquelles les avait habitués M. Crevecœur, leur ancien maire et bienfaiteur, prirent part à cette fête de famille et en manifestèrent leur reconnaissance en appelant M. Hénon à siéger au conseil municipal, lors des élections du 4 mai 1884. Le conseil lui confia également les fonctions de maire, qu'il continue de remplir.

---

(1) Archives de l'Oise

VII.

INDUSTRIE. — AGRICULTURE. — MARCHÉ.

Il ne s'exerce aucune industrie à Lattainville; les ouvriers, pour le plus grand nombre, sont occupés aux travaux des champs.

La culture de la ferme, composée de 150 hectares, forme la principale exploitation agricole du pays. Quelques propriétaires cultivent aussi eux-mêmes leurs terres.

Le marché le plus fréquenté par les habitants est celui de Gisors (Eure).

VIII.

PROPRIÉTÉS COMMUNALES. — BUREAU DE BIENFAISANCE.

La commune possède une maison qui sert en même temps d'école, de mairie et de logement à l'instituteur.

Elle est pourvue d'un lavoir communal construit sous l'administration de M. Crevecœur, maire.

Elle possède aussi quelques parcelles de bois de peu d'importance.

Le bureau de bienfaisance n'a aucun revenu.

Le village de Lattainville, en raison de son peu d'importance, ne pouvait offrir à l'histoire que de rares faits; néanmoins, pour répondre aux désirs exprimés par M. et Mme Hénon, et s'associer à l'intérêt qu'ils portent à cette petite localité, berceau en quelque sorte de la famille des Crevecœur dont ils sont les représentants, l'auteur rédigea ce modeste travail à l'aide des quelques documents que, à force de recherches et de patience, il put découvrir dans les dépôts publics, notamment aux Archives de l'Oise. Il l'offre en cet état à M. et Mme Hénon, et les remercie d'avoir bien voulu prendre à leur charge les dépenses de l'impression.

FIN.

TABLE DES MATIÈRES.

BEAUVAIS. — IMPRIMERIE D. PERE, RUE SAINT-JEAN.

187

www.ingramcontent.com/pod-product-compliance
Lightning Source LLC
LaVergne TN
LVHW052028170826
845678LV00018B/867

* 9 7 8 2 3 2 9 6 6 3 0 1 2 *